Jule ist krank

Eine Geschichte von Anna Wagenhoff
mit Bildern von Sigrid Leberer

CARLSEN

Heute möchte Jule nach dem
Kindergarten nicht mehr auf den
Spielplatz gehen, sondern gleich nach
Hause. Langsam trottet sie hinter Papa her.
Der wundert sich, dass Jule nicht herumspringt
wie sonst und gar nichts erzählt.
„Was ist denn los, Jule?", fragt Papa. „Hattest du Streit im Kindergarten?"
„Nee!" Jule schüttelt den Kopf. „Ich bin nur schlappi. Meine Beine fühlen
sich an wie Grießbrei. Und mein Hals tut weh."
„Oje! Hoffentlich bekommst du keine Erkältung", sagt Papa.

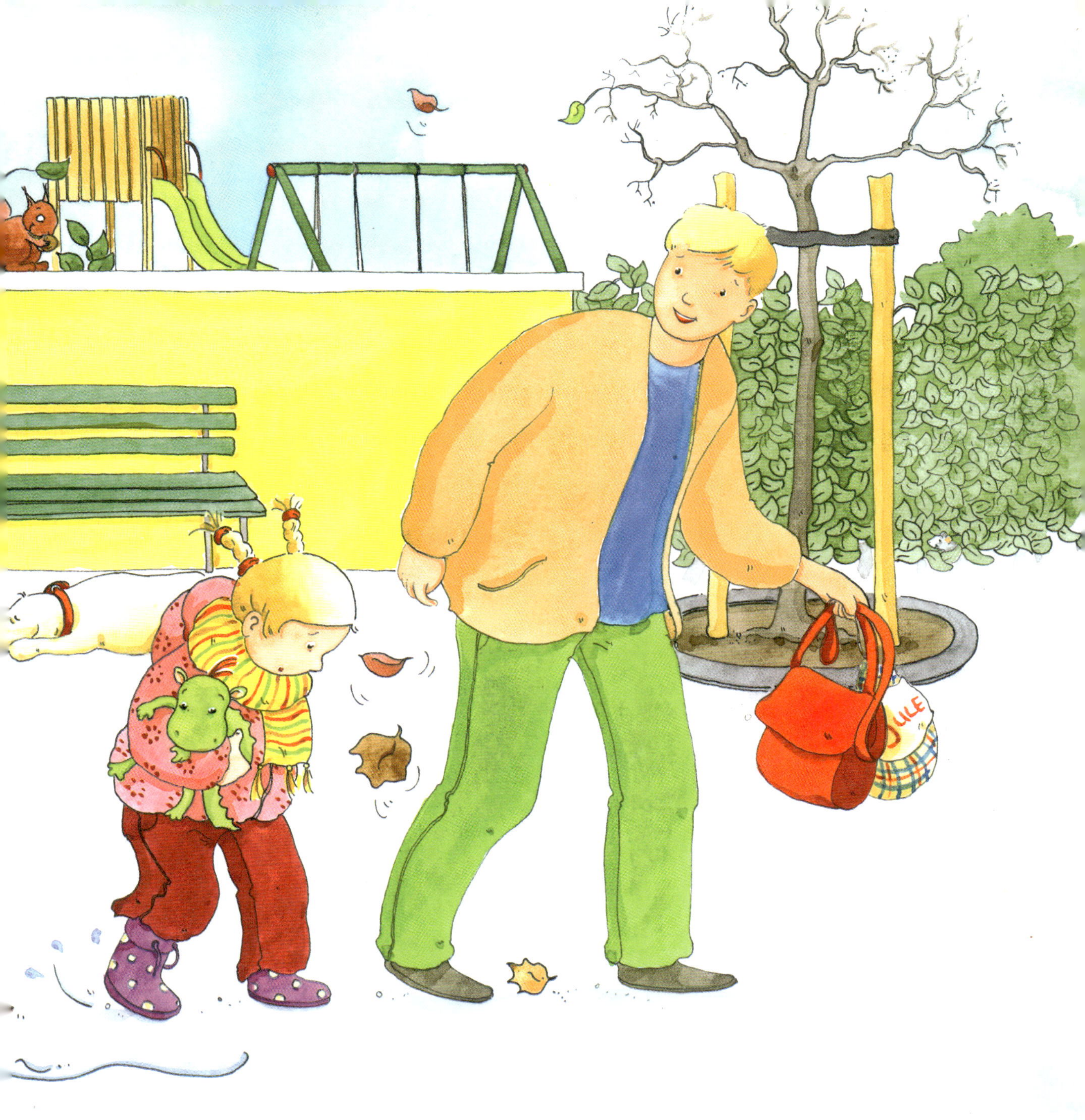

Zu Hause hat Jule nicht einmal Lust auf leckere Pfannkuchen. Ihr großer Bruder Ben grinst. „**Jippie!** Dann gibt's mehr für mich!"
Papa runzelt die Stirn. „Jule geht es nicht gut. Spielt doch lieber was zusammen statt euch zu ärgern." Aber Jule möchte sich lieber aufs Sofa legen. Papa fühlt ihre Stirn. „Du bist ja ganz heiß", sagt er besorgt. „Vielleicht hast du Fieber."

Als das Fieberthermometer piepst, liest Papa die Temperatur ab: „37,8 Grad! Das ist noch kein Fieber, aber erhöhte Temperatur. Ich mach dir gleich einen Rote-Nasen-Tee."
Jule nickt müde. „Und liest du mir dann was vor?"
„Na klar", sagt Papa und nimmt Jule fest in den Arm.

Am Abend fühlt sich Jules Hals kratzig an und ihre Nase läuft.
„Mein Kopf tut auch weh", jammert Jule.
„Armer Spatz", tröstet sie Mama. „Dann versuch erst mal zu schlafen. Morgen geht es dir hoffentlich besser."
Mama packt Jule fest in die Bettdecke ein und streicht ihr über den Kopf. Wenig später kommt sie noch mal ins Zimmer und stellt einen Teller mit einer aufgeschnittenen Zwiebel neben Jules Bett.
„**Iih**, das stinkt!", beschwert sich Jule. „Das rieche ich ja sogar durch die Schnupfennase."
„Ja, aber so bekommst du besser Luft", erklärt Mama. „Das ist ein altes Hausmittel von Oma."
Jule ist viel zu müde, um weiter zu protestieren. Kaum ist Mama im Flur, schnarcht sie schon leise.

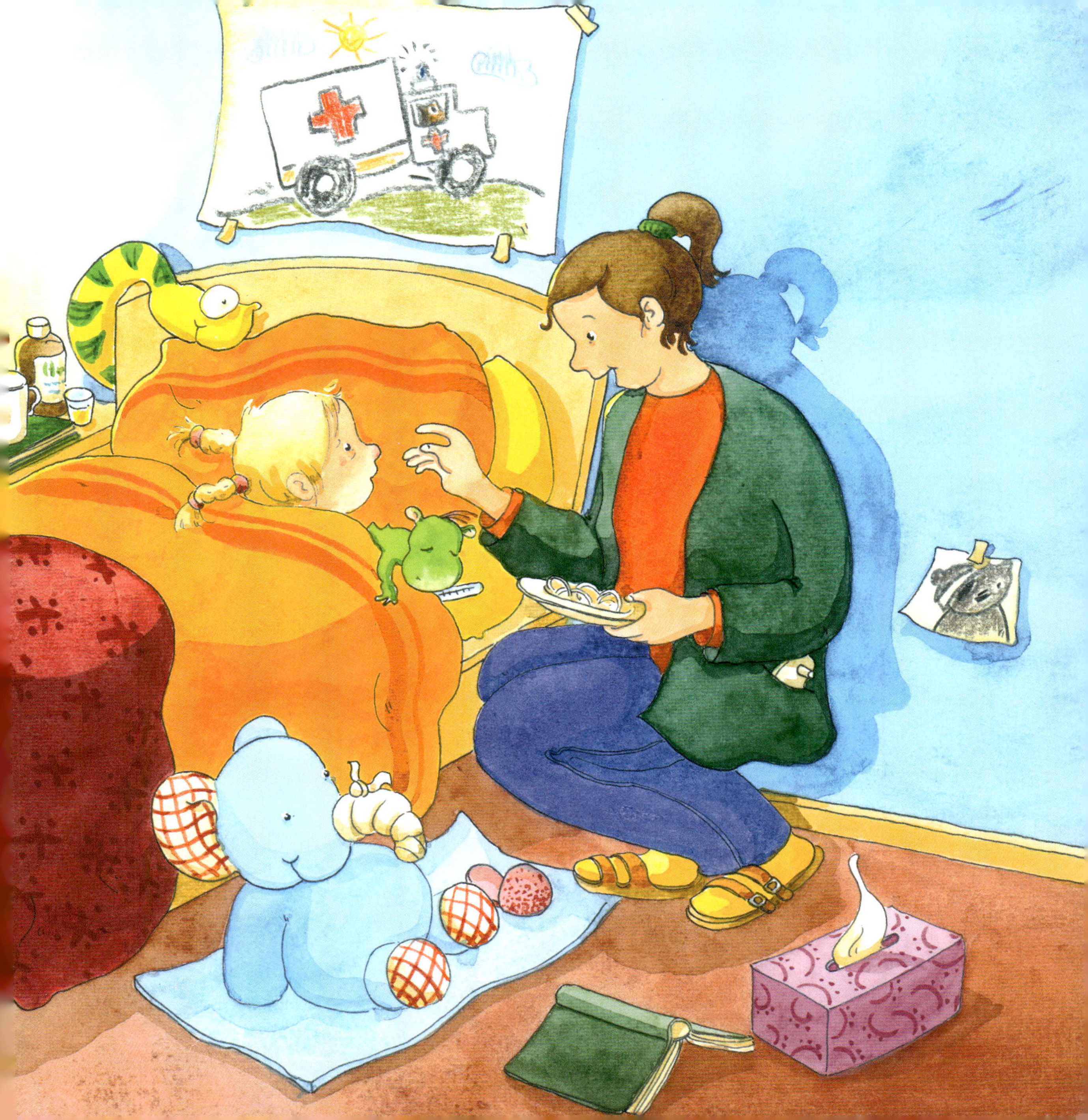

„Mein Hals tut immer noch weh", krächzt Jule, als Papa am nächsten Morgen ins Zimmer kommt.
„Und mir ist kalt."
Papa fühlt Jules Stirn. „Du glühst ja", sagt er.
„Am besten messe ich noch mal deine Temperatur."
Nun hat Jule wirklich Fieber: 38,4 Grad.
„In den Kindergarten kannst du heute nicht gehen", sagt Papa.
Jule nickt. Eigentlich wollte sie mit Liv Kastanien sammeln. Aber Jule fühlt sich viel zu schlapp für alles. Mit ihrem Kuscheldrachen kuschelt sie sich lieber wieder unter die Decke.

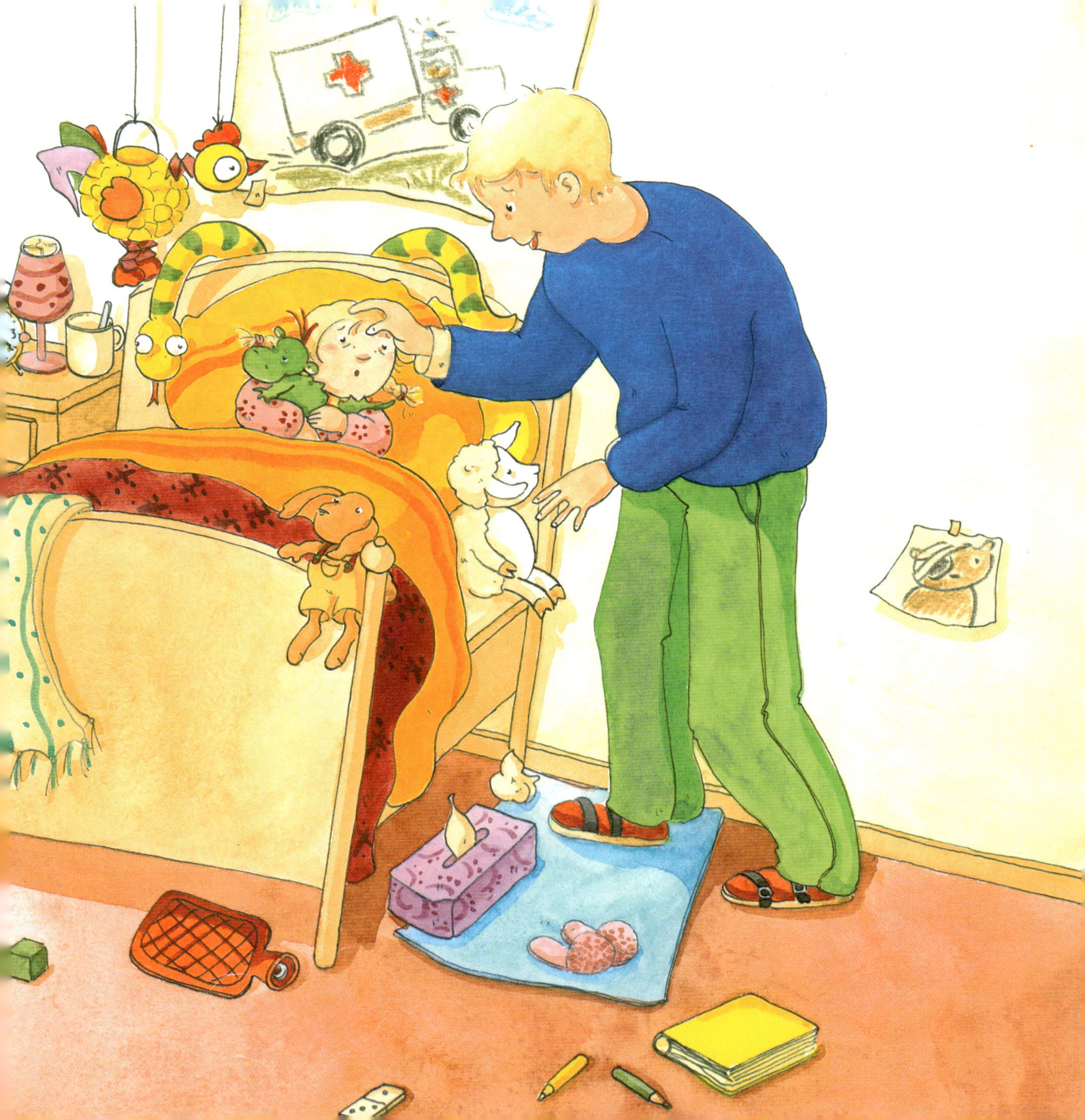

Mama ruft im Kindergarten an und sagt Bescheid, dass Jule krank ist. Sie bleibt heute bei Jule zu Hause. Papa und Ben müssen wie immer zur Arbeit und in die Schule gehen. „Männo", mault Ben. „Ich möchte auch zu Hause bleiben."

Mama macht ein strenges Gesicht. „Sei lieber froh, dass du dich nicht bei Jule angesteckt hast. Und jetzt los mit dir!"

Mama macht Jule einen Tee und ein Marmeladenbrot, aber Jule hat keinen großen Hunger. Eigentlich möchte sie nur schlafen.

Als sie aufwacht, liest Mama ihr drei lustige Geschichten am Stück vor und ausnahmsweise darf Jule vormittags und nachmittags ein bisschen Fernsehen schauen. Trotzdem findet Jule den Tag ziemlich langweilig und ist fast froh, als am Abend Schlafenszeit ist.

Am nächsten Morgen geht es Jule immer noch nicht besser. Heute bleibt Papa bei ihr. Er ruft bei der Kinderärztin an und sie können gleich vorbeikommen. Bei der Anmeldung gibt Papa die Versicherungskarte ab. Die Arzthelferin sagt, dass Jule und Papa noch kurz im Wartezimmer Platz nehmen sollen.

Nr. 6 Mein Körper Die Mitmach-Zeitschrift der Lesemaus

MAUS ZEIT

RÄTSELN • MALEN • SPIELEN • LESEN

CARLSEN
www.carlsen.de

LESEMAUS-INFO-SEITE

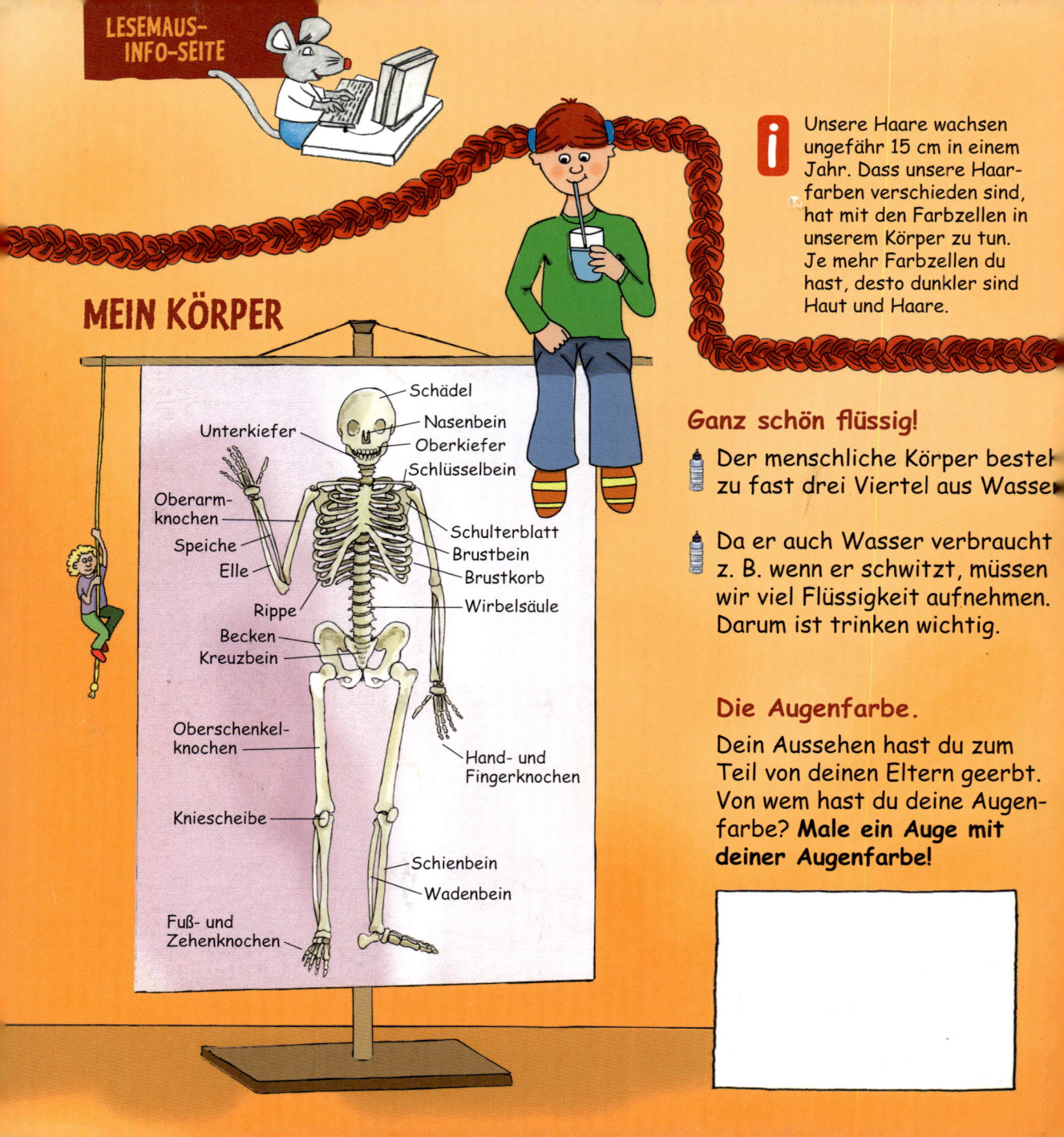

MEIN KÖRPER

Skelett-Beschriftungen:
- Schädel
- Nasenbein
- Oberkiefer
- Schlüsselbein
- Unterkiefer
- Oberarmknochen
- Speiche
- Elle
- Schulterblatt
- Brustbein
- Brustkorb
- Rippe
- Wirbelsäule
- Becken
- Kreuzbein
- Oberschenkelknochen
- Hand- und Fingerknochen
- Kniescheibe
- Schienbein
- Wadenbein
- Fuß- und Zehenknochen

i Unsere Haare wachsen ungefähr 15 cm in einem Jahr. Dass unsere Haarfarben verschieden sind, hat mit den Farbzellen in unserem Körper zu tun. Je mehr Farbzellen du hast, desto dunkler sind Haut und Haare.

Ganz schön flüssig!

Der menschliche Körper besteht zu fast drei Viertel aus Wasser.

Da er auch Wasser verbraucht z. B. wenn er schwitzt, müssen wir viel Flüssigkeit aufnehmen. Darum ist trinken wichtig.

Die Augenfarbe.

Dein Aussehen hast du zum Teil von deinen Eltern geerbt. Von wem hast du deine Augenfarbe? **Male ein Auge mit deiner Augenfarbe!**

RÄTSEL + CARTOON

! Noch viel mehr Rätsel, Ausmalbilder und Basteltipps sowie Rezepte findest du auf
www.lesemaus.de

Sinnesorgane nehmen Bilder, Geräusche, Gerüche und andere Eindrücke aus der Umwelt auf. Sinnesorgane sind: Augen, Ohren, Nase, Zunge und Haut.

WELCHE BILDER PASSEN ZUSAMMEN?

Welches Sinnesorgan benutzen diese Kinder gerade besonders stark? Ordne die Bilder mit Strichen zu.

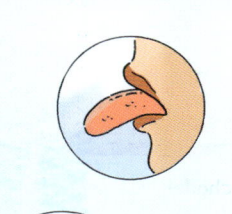

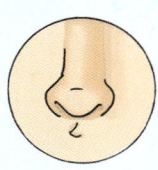

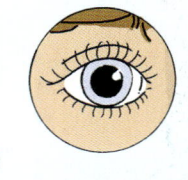

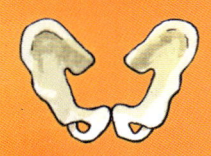

DER RIESENZAHN

? Wie heißt dieser Knochen?

Tipp: Wenn du es nicht weißt, suche ihn auf dem linken Schaubild.

Donnerwetter!

Was machst du denn...

...wenn du zum Zahnarzt musst?

LESEMAUS-SPIELTIPP

LUFTBALLON-KÖRPERSPIEL

Für dieses Spiel brauchst du einen Luftballon, den du schön groß aufbläst. Dann stellst du dich deiner Freundin oder deinem Freund gegenüber und klemmst den Luftballon z. B. zwischen eure Knie.

Versucht nun mit dem Luftballon zu einem Lied zu tanzen – aber der Luftballon darf nicht herunter fallen und ihr dürft auch nicht eure Hände zu Hilfe nehmen!

Ganz schön schwierig, oder?

Du kannst dieses Spiel auch mit mehreren Kindern spielen, z. B. auf deiner Geburtstagsfeier. Dann tauscht ihr untereinander, wenn die Musik zu Ende ist. Du wirst sehen, dass es jedes Mal unterschiedlich schwierig ist!

DEIN LESEMAUS-WUNSCHZETTEL

Band 13
Max und der Wackelzahn
○ Wünsche ich mir

Band 74
Leonie und ihr Schnuller
○ Wünsche ich mir

Band 60
Conni im Krankenhaus
○ Wünsche ich mir

Band 123
Ich hab einen Freund, der ist Koch
○ Wünsche ich mir

RÄTSELLÖSUNGEN:

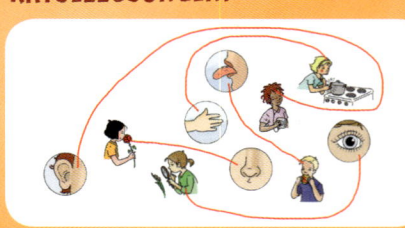

Der Knochen heißt Becken.

LESEMAUS — Geschichten, die die Welt erklären!

© 2010, CARLSEN Verlag GmbH, Hamburg

Redaktion: I. Rieck, J. Marquart I Gestaltung: T. Müller, Hamburg I Lithografie: Buss & Gatermann, Hamburg I Illustration der Lesemaus: H. Müller, T. Müller, D. Tust
Illustrationen: A. Ahlgrimm, T. Müller, E. Muszynski, F. Rave, U. Velte

Dort gibt es tolle Spielsachen. Aber Jule ist viel zu müde zum Spielen. Sie kuschelt sich auf Papas Schoß und er liest ihr ein Pixibuch vor. Dann kommt schon Frau Klein, die nette Kinderärztin. Sie begrüßt Jule und Papa und nimmt sie mit ins Behandlungszimmer.

Papa und Jule erzählen Frau Klein, warum sie gekommen sind.
„Dann werde ich mal nachsehen, was los ist", sagt die Ärztin.
Papa hilft Jule den Pulli auszuziehen.

Zuerst schaut Frau Klein in Jules Mund und Rachen.
„Mach den Mund bitte weit auf und sag **aaaah!**", sagt sie und drückt mit einem Holzspatel Jules Zunge herunter.
„Dein Hals ist etwas gerötet", stellt die Ärztin fest.

Dann tastet sie vorsichtig Jules Hals von außen ab. „Sehr gut", sagt sie. „Da ist nichts geschwollen."

Zum Schluss hört die Ärztin Jule mit dem Stethoskop den Rücken und die Brust ab. „**Tiiief** ein- und ausatmen!", sagt sie.
Jule schnauft und prustet wie ein Drache.
„Und nun huste mal!", bittet Frau Klein. „Prima, mit deiner Lunge ist alles in Ordnung."

Jule darf sich wieder anziehen. Frau Klein setzt sich an ihren Schreibtisch.
„Du hast eine dolle Erkältung", stellt sie fest. „Ich schreibe dir ein Rezept für Nasentropfen, damit du besser schlafen kannst. Die beste Medizin gegen eine Erkältung gibt es aber nicht in der Apotheke. Du solltest viel trinken, schlafen und dich ausruhen."
Papa lächelt: „Toben möchte Jule momentan sowieso nicht, oder?"
Jule schüttelt den Kopf.
„Gute Besserung, Jule!", sagt Frau Klein zum Abschied.

Neben der Arztpraxis ist eine Apotheke. Dort kauft Papa die Nasentropfen. Jule bekommt vom Apotheker zwei Hustenbonbons geschenkt.
„Danke!", krächzt Jule.
„So, und jetzt schnell nach Hause", sagt Papa.

Zu Hause legt sich Jule wieder ins Bett und schläft gleich ein.
Als sie aufwacht, bringt Papa ihr eine heiße Zitrone mit viel Honig und ruft:
„Alle Mann unter Deck! Ich lasse frische Luft rein!"
Unter der Decke ist es schön warm. Papa sagt, dass er jetzt Grießbrei kocht.
„Vielleicht magst du ja später ein wenig davon essen."
Jule hört solange ein Hörbuch und hat danach wirklich ein bisschen Hunger.
Grießbrei ist ja auch eine ihrer Lieblingsspeisen.

Am Nachmittag spielen Mama, Papa und Ben Mau Mau mit Jule. Eigentlich ist Kranksein ganz gemütlich, findet Jule. Wenn nur der Hals nicht so wehtun würde! Und wenn tagsüber Liv zum Spielen vorbeikommen könnte! Aber das geht natürlich nicht. Sonst würde sie sich noch anstecken.

Obwohl es Jule am nächsten Tag schon etwas besser geht, soll sie noch zu Hause bleiben. Das hat die Kinderärztin gesagt. Heute kommt Oma zum Aufpassen. Mama und Papa müssen wieder arbeiten. Oma bringt Jule ein tolles Gute-Besserung-Geschenk mit: einen kleinen Arztkoffer! Außerdem erklärt Oma, dass Jule sich nach dem Naseputzen die Hände waschen und nicht in die Luft niesen oder husten soll, damit sie niemanden ansteckt.

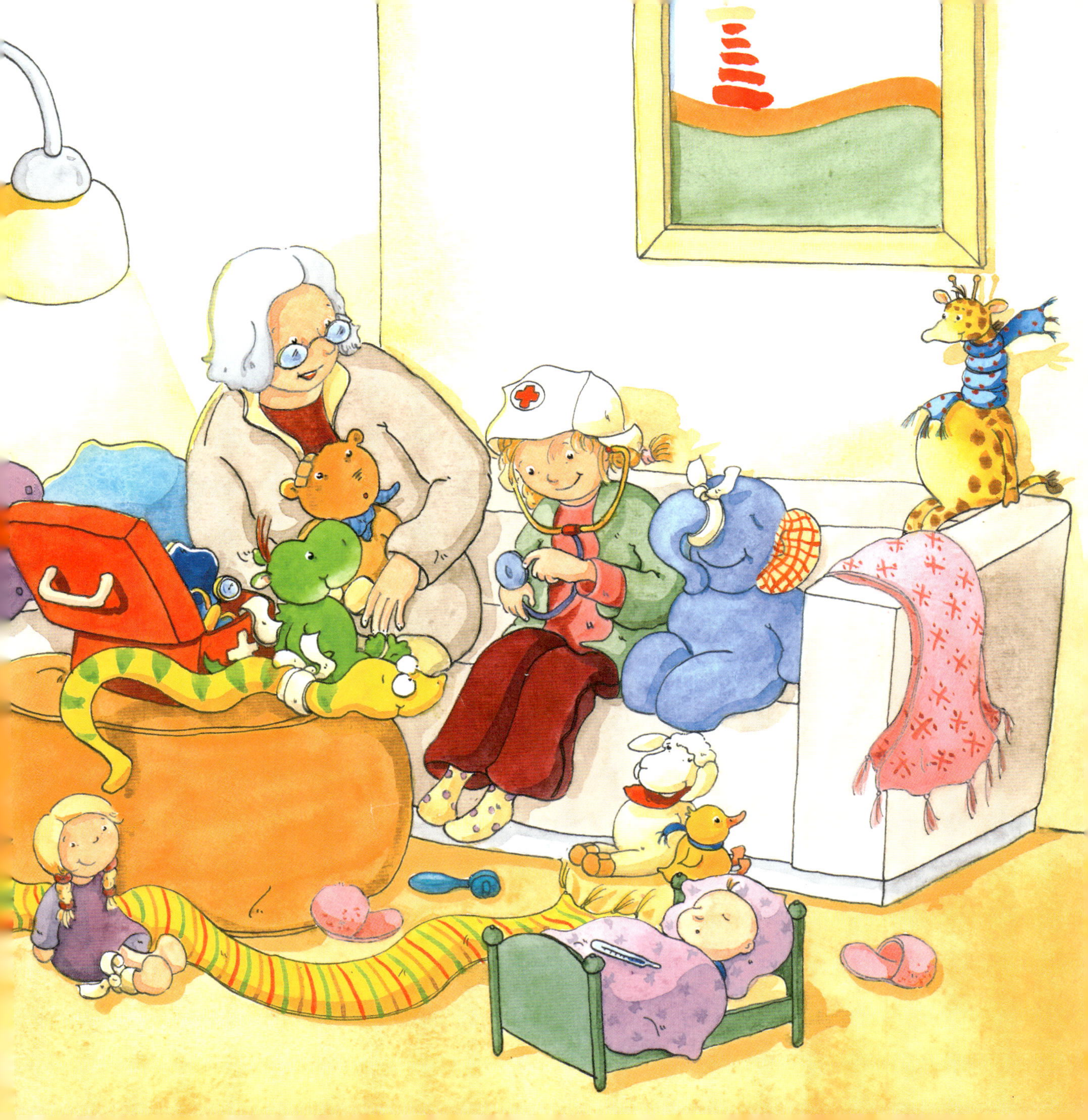

Jule freut sich, dass Oma da ist. Sie liest Jule lange vor und kocht ein leckeres Mittagessen. Jule isst zwei Portionen!
„Dir scheint es ja wieder besser zu gehen", freut sich Oma.
„Für dich ist nix übrig!", ruft Jule, als Ben von der Schule kommt.
„Männo!", motzt der, muss aber doch grinsen, als er merkt, dass Jule nur Spaß gemacht hat.

Bis zum Abend spielen Jule, Ben und Oma mit dem neuen Arztkoffer.
Ben und Oma sind die Patienten. Jule ist die Ärztin. Sie gibt Spritzen,
misst den Blutdruck und hört Oma mit dem Stethoskop ab.

Am Abend misst Mama bei Jule Fieber. „36,7 Grad", liest sie ab. „Prima, das ist ganz normal! Dann kannst du morgen wieder in den Kindergarten gehen!"

„Jippie!", ruft Jule. „Und danach gehen wir mit Liv auf den Spielplatz. Schaukeln und klettern und Kastanien sammeln und …"

„Na, immer langsam", lacht Mama. „Jetzt gehst du erst mal Zähne putzen und dann ab ins Bett!"

„**Hatschipuh**, zu Befehl", niest Jule und marschiert fröhlich ins Bad.